Dieses Reisetagebuch gehört

Zeitraum:

Reiseziele:

Bibliografische Information der Deutschen Nationalbibliothek:
Die Deutsche Nationalbibliothek verzeichnet diese Publikation in der
Deutschen Nationalbibliografie; detaillierte bibliografische Daten sind im
Internet über http://dnb.dnb.de abrufbar.

Dein persönliches Reisetagebuch zum selbst ausfüllen - weltweit - Paperback

1. Auflage: Oktober 2018
© 2018 Dirk Schwenecke
Herausgeber: Enjoytheworld, Dirk Schwenecke
Autor: Dirk Schwenecke
Illustrationen&grafisches Konzept: Dirk Schwenecke
Herstellung und Verlag:
BoD – Books on Demand, Norderstedt

ISBN: 9783748112181

Die größte Sehenswürdigkeit,
die es gibt, ist die Welt!

~ Kurt Tucholsky ~

Das muss ich sehen!

wichtige Adressen

Hotel, Sehenswürdigkeiten, Ärzte, Geschäfte uvm.

Name:

Straße:

Ort:

Kontakt:

Name:

Straße:

Ort:

Kontakt:

Name:

Straße:

Ort:

Kontakt:

Name:

Straße:

Ort:

Kontakt:

Name:

Straße:

Ort:

Kontakt:

Name:

Straße:

Ort:

Kontakt:

Name:

Straße:

Ort:

Kontakt:

Name:

Straße:

Ort:

Kontakt:

Name: Straße: Ort: Kontakt:	Name: Straße: Ort: Kontakt:
Name: Straße: Ort: Kontakt:	Name: Straße: Ort: Kontakt:
Name: Straße: Ort: Kontakt:	Name: Straße: Ort: Kontakt:
Name: Straße: Ort: Kontakt:	Name: Straße: Ort: Kontakt:
Name: Straße: Ort: Kontakt:	Name: Straße: Ort: Kontakt:

Wichtiges vor deiner Reise

ca. 4 Monate vor Abreise

- ☐ Visum besorgen
- ☐ Impfungen
- ☐ Hotel | Unterkunft buchen

ca. 2 Monate vor Abreise

- ☐ Reisepass / Ausweis checken | beantragen
- ☐ Reiseversicherung abschließen
- ☐ Flug- | Bus- | Zugticket buchen
- ☐ Kredikarte besorgen

ca. 1 Monat vor Abreise

- ☐ Simkarte für das Nicht EU-Ausland
- ☐ Tiere - Unterbringung organisieren
- ☐ Tickets / Ausflüge / Guides für Reiseziel buchen

ca. 1 Woche vor Abreise

- ☐ Reise-Dokumente kopieren und sichern
- ☐ Elektrogeräte | Akkus aufladen

ca. 2 Tage vor Abreise

- ☐ Geldbörse auf das Wesentliche aussortieren
- ☐ Wichtige Karten einpacken
- ☐ Freunde und Familie verabschieden
- ☐ Koffer packen und Gewicht checken

Packliste

Visum	☐	Reisetagebuch	☐
Reisepass I Ausweis	☐	_____	☐
Flugticket	☐	_____	☐
Sonstige Tickets	☐	_____	☐
Reiseapotheke	☐	_____	☐
Kreditkarte	☐	_____	☐
Reiseadapter	☐	_____	☐
Kamera + Akku	☐	_____	☐
Ladegeräte	☐	_____	☐
Handy	☐	_____	☐
Powerbank	☐	_____	☐
Parfum	☐	_____	☐
Kopfhörer	☐	_____	☐
Kleines Schloss	☐	_____	☐
Geldbörse für ausl. Geld	☐	_____	☐
Sonnenbrille	☐	_____	☐
Kontaktlinsen	☐	_____	☐
Mückenschutz	☐	_____	☐
Versicherungsdokumente	☐	_____	☐
Impfpass (je nach Reiseziel)	☐	_____	☐

Deine Reisechallenge

Der Urlaub beginnt - Abschalten vom Alltag

Lass mindestens einen Tag dein Telefon aus ☐

Grüße jemanden in der Landessprache ☐

Vermeide es für einen Tag Informationen aus der Heimat einzuholen ☐

Gib 1 Mal mehr Trinkgeld, als du es in Deutschland tun würdest ☐

Versuche 1 Mal für mindestens 2 Stunden zu schweigen ☐

Verewige deine Initialien + Reiseziel im Sand und mache ein Foto ☐

Zeit zum Entdecken - Erlebe die ersten Highlights

Verlasse für mind. 7h das Hotelgelände, um dir etwas anzusehen ☐

Sei mindestens 3 Mal sportlich aktiv ☐

Nutze ein öffentliches Verkehrsmittel ☐

Streichel ein einheimisches Tier

Vervollständige die Pro- und Kontra- Seite in deinem Reisetagebuch ☐

Unternimm eine Trekking Tour oder eine Wanderung ☐

Sie dir mindestens 10 Sehenswürdigkeiten an und fotografiere sie ☐

Notiere diese hier:

_____

_____

_____

Landesexperte - Land und Leute sind deine Passion

Trinke mind. 2 einheimische Getränke ☐

1._____ 2._____

Probiere mind. 3 einheimische Speisen (Restaurant / Streetfood) ☐

1._____ 2._____ 3._____

Trage mind. 5 neue Kontakte in dein Reisetagebuch ein ☐

Besuche mind. eine kulturelle Veranstaltung oder ein Sportevent ☐

   Welches war es? _____

Frage jemanden nach seinem Lieblingsrestaurant und besuche es! ☐

   Name: _____ Ort: _____

Lade einen Einheimischen ein und stoße mit ihm an! ☐

Verbringe eine wirklich gute Tat auf deiner Reise und notiere sie! ☐

   Das war meine gute Tat: _____

Erklimme die höchste Erhebung, die du auch erreichen kannst ☐

   Name: _____ Höhe: _____

Versuche mind. 1 Mal mit einem Händler zu handeln ☐

Gehe an einem Abend aus und schwinge das Tanzbein ☐

Kaufe etwas Kleines, um es dann einem Kind zu schenken ☐

   Das habe ich gekauft: _____

Neue Kontakte
Schön, dass ich euch kennenlernen durfte!

Name:

Wohort:

Telefon:

E-Mail:

Name:

Wohort:

Telefon:

E-Mail:

Name:

Wohort:

Telefon:

E-Mail:

Name:

Wohort:

Telefon:

E-Mail:

Name:

Wohort:

Telefon:

E-Mail:

Name:

Wohort:

Telefon:

E-Mail:

Name:

Wohort:

Telefon:

E-Mail:

Name:

Wohort:

Telefon:

E-Mail:

Name: Wohort: Telefon: E-Mail:	Name: Wohort: Telefon: E-Mail:
Name: Wohort: Telefon: E-Mail:	Name: Wohort: Telefon: E-Mail:
Name: Wohort: Telefon: E-Mail:	Name: Wohort: Telefon: E-Mail:
Name: Wohort: Telefon: E-Mail:	Name: Wohort: Telefon: E-Mail:
Name: Wohort: Telefon: E-Mail:	Name: Wohort: Telefon: E-Mail:

Tag: _____   Datum: _____

Tag: _____   Datum: _____

Tag: _____   Datum: _____

Umwege erweitern die Ortskenntnis.
~ Kurt Tucholsky ~

Tag: _____   Datum: _____

Tag: _____   Datum: _____

Tag: _____   Datum: _____

Tag: _____   Datum: _____

Tag: _____   Datum: _____

Tag: _____   Datum: _____

Der Sinn des Reisens besteht darin, die Vorstellungen mit der Wirklichkeit auszugleichen,
und anstatt zu denken, wie die Dinge sein könnten, sie so zu sehen, wie sie sind.
~ Samuel Johnson ~

Tag: _____   Datum: _____

Tag: _____   Datum: _____

Tag: _____   Datum: _____

Enjoy the world

Tag: _____   *Datum:* _____

Tag: _____   *Datum:* _____

Tag: _____   Datum: _____

Tag: _____   Datum: _____

Tag: _____   Datum: _____

Tag: _____   Datum: _____

Tag: _____   Datum: _____

Tag: _____   Datum: _____

Auch die längste Reise beginnt mit dem ersten Schritt.

~ _Alte chinesische Lebensweisheit_ ~

Tag: _____   Datum: _____

Tag: _____   Datum: _____

Tag: _____   Datum: _____

Tag: _____   Datum: _____

Tag: _____   Datum: _____

Wohin du auch gehst, gehe mit ganzem Herzen.

~ Konfuzius ~

Tag: _____   Datum: _____

Tag: _____   Datum: _____

Tag: _____   Datum: _____

Tag: _____   Datum: _____

_____

_____

_____

_____

_____

_____

_____

_____

_____

_____

_____

_____

_____

_____

_____

_____

_____

_____

_____

_____

_____

_____

Fahre in die Welt hinaus. Sie ist fantastischer als jeder Traum.

~ Ray Bradbury ~

Tag: _____   Datum: _____

Tag: _____   Datum: _____

Tag: _____   Datum: _____

Tag: _____   Datum: _____

Reisen veredelt den Geist und räumt mit unseren Vorurteilen auf.
~ Oscar Wilde ~

Tag: _____   Datum: _____

Tag: _____   Datum: _____

Tag: _____   Datum: _____

Tag: _____   Datum: _____

Tag: _____   Datum: _____

_____

_____

_____

_____

_____

_____

_____

_____

_____

_____

_____

_____

_____

_____

_____

_____

_____

_____

_____

_____

_____

_____

_____

Das Leben ist eine Reise. Nimm nicht zu viel Gepäck mit.
~ Billy Idol ~

Tag: _____   Datum: _____

Tag: _____   Datum: _____

Tag: _____   *Datum:* _____

Tag: _____   Datum: _____

Tag: _____   Datum: _____

Tag: _____   Datum: _____

Tag: _____ Datum: _____

Tag: _____   Datum: _____

Tag: _____   Datum: _____

_____

_____

_____

_____

_____

_____

_____

_____

_____

_____

_____

_____

_____

_____

_____

_____

_____

_____

_____

_____

_____

Nur wer sich auf den Weg macht, wird neues Land entdecken!
~ Hugo von Hofmannsthal ~

Tag: _____   *Datum:* _____

Tag: _____   Datum: _____

Tag: _____   Datum: _____

Tag: _____   Datum: _____

Tag: _____   Datum: _____

_____

_____

_____

_____

_____

_____

_____

_____

_____

_____

_____

_____

_____

_____

_____

_____

_____

_____

_____

_____

Die Welt ist ein Buch. Wer nie reist, sieht nur eine Seite davon.
~ Augustinus Aurelius ~

Tag: _____   Datum: _____

Tag: _____   Datum: _____

Tag: _____   Datum: _____

Tag: _____   Datum: _____

Tag: _____   *Datum:* _____

Tag: _____   Datum: _____

_____

_____

_____

_____

_____

_____

_____

_____

_____

_____

_____

_____

_____

_____

_____

_____

_____

_____

_____

_____

_____

_____

Ich reise niemals ohne mein Tagebuch.
Man sollte immer etwas Aufregendes zu lesen bei sich haben.
~ Oscar Wilde ~

Tag: _____   Datum: _____

Tag: _____   *Datum:* _____

Tag: _____   *Datum:* _____

Mein schönster Tag

Es war dieser Tag: _____

Genau an diesem Ort: _____

Mit Dir / Euch habe ich ihn erlebt: _____

Diese Momente machten ihn unvergesslich:

_____

_____

_____

_____

_____

_____

_____

_____

_____

_____

_____

_____

Gehe einmal im Jahr dorthin,
wo du noch niemals warst.

~ Dalai Lama ~

Meine verrücktesten Erlebnisse

Diese seltsamen und verrückten Dinge habe ich auf meiner Reise erlebt

Pro und Kontra meiner Reise

Was hat mir auf meiner Reise besonders gefallen und was war eher negativ

Pro

.

Kontra

Meine persönlichen Empfehlungen
Das hat mir im Urlaub besonders gut gefallen

Orte

Strände

Restaurant | Bar

Sehenswürdigkeiten
Attraktionen

Geschäfte

Niemand kommt von einer Reise so zurück,
wie er weggefahren ist!

~ Graham Greene ~

Mein persönliches Bewertungsportal

Flug

Flug von...nach _____

Datum: _____

Fluggesellschaft: _____

Pünktlichkeit: ☆ ☆ ☆ ☆ ☆

Platzangebot: ☆ ☆ ☆ ☆ ☆

Verpflegung: ☆ ☆ ☆ ☆ ☆

Entertainment: ☆ ☆ ☆ ☆ ☆

Sicherheitsgefühl: ☆ ☆ ☆ ☆ ☆

Gesamt: ☆ ☆ ☆ ☆ ☆

Ergänzung: _____

_____

_____

Flug von...nach _____

Datum: _____

Fluggesellschaft: _____

Pünktlichkeit: ☆ ☆ ☆ ☆ ☆

Platzangebot: ☆ ☆ ☆ ☆ ☆

Verpflegung: ☆ ☆ ☆ ☆ ☆

Entertainment: ☆ ☆ ☆ ☆ ☆

Sicherheitsgefühl: ☆ ☆ ☆ ☆ ☆

Gesamt: ☆ ☆ ☆ ☆ ☆

Ergänzung: _____

_____

_____

Flug von...nach _____

Datum: _____

Fluggesellschaft: _____

Pünktlichkeit: ☆ ☆ ☆ ☆ ☆

Platzangebot: ☆ ☆ ☆ ☆ ☆

Verpflegung: ☆ ☆ ☆ ☆ ☆

Entertainment: ☆ ☆ ☆ ☆ ☆

Sicherheitsgefühl: ☆ ☆ ☆ ☆ ☆

Gesamt: ☆ ☆ ☆ ☆ ☆

Ergänzung: _____

_____

_____

Flug von...nach _____

Datum: _____

Fluggesellschaft: _____

Pünktlichkeit: ☆ ☆ ☆ ☆ ☆

Platzangebot: ☆ ☆ ☆ ☆ ☆

Verpflegung: ☆ ☆ ☆ ☆ ☆

Entertainment: ☆ ☆ ☆ ☆ ☆

Sicherheitsgefühl: ☆ ☆ ☆ ☆ ☆

Gesamt: ☆ ☆ ☆ ☆ ☆

Ergänzung: _____

_____

_____

Unterkunft

Unterkunft: _____   Unterkunft: _____

Zimmer: ☆ ☆ ☆ ☆ ☆   Zimmer: ☆ ☆ ☆ ☆ ☆

Sauberkeit: ☆ ☆ ☆ ☆ ☆   Sauberkeit: ☆ ☆ ☆ ☆ ☆

Personal: ☆ ☆ ☆ ☆ ☆   Personal: ☆ ☆ ☆ ☆ ☆

Verpflegung: ☆ ☆ ☆ ☆ ☆   Verpflegung: ☆ ☆ ☆ ☆ ☆

Lage: ☆ ☆ ☆ ☆ ☆   Lage: ☆ ☆ ☆ ☆ ☆

Gesamt: ☆ ☆ ☆ ☆ ☆   Gesamt: ☆ ☆ ☆ ☆ ☆

Ergänzung: _____   Ergänzung: _____

_____   _____

_____   _____

Besuchte Orte | Regionen

Ort | Region: _____   Ort | Region: _____

Kultur: ☆ ☆ ☆ ☆ ☆   Kultur: ☆ ☆ ☆ ☆ ☆

Kulinarisch: ☆ ☆ ☆ ☆ ☆   Kulinarisch: ☆ ☆ ☆ ☆ ☆

Freizeitmöglichkeit: ☆ ☆ ☆ ☆ ☆   Freizeitmöglichkeit: ☆ ☆ ☆ ☆ ☆

Natur: ☆ ☆ ☆ ☆ ☆   Natur: ☆ ☆ ☆ ☆ ☆

Besonderheiten: _____   Besonderheiten: _____

_____   _____

Ort | Region: _____   Ort | Region: _____

Kultur: ☆ ☆ ☆ ☆ ☆   Kultur: ☆ ☆ ☆ ☆ ☆

Kulinarisch: ☆ ☆ ☆ ☆ ☆   Kulinarisch: ☆ ☆ ☆ ☆ ☆

Freizeitmöglichkeit: ☆ ☆ ☆ ☆ ☆   Freizeitmöglichkeit: ☆ ☆ ☆ ☆ ☆

Natur: ☆ ☆ ☆ ☆ ☆   Natur: ☆ ☆ ☆ ☆ ☆

Besonderheiten: _____   Besonderheiten: _____

_____   _____

Klebe hier deine Tickets, Flyer, Karten
oder andere Papierschnipsel hinein

Dein persönlicher Sprachkurs

Sprache: _____

Wochentage

Montag _____

Dienstag _____

Mittwoch _____

Donnerstag _____

Freitag _____

Samstag _____

Sonntag _____

Begrüßungen

Willkommen _____

Guten Morgen _____

Guten Tag _____

Guten Abend _____

Tschüss _____

Hallo _____

Zahlen

0 _____

1 _____

2 _____

3 _____

4 _____

5 _____

6 _____

7 _____

8 _____

9 _____

10 _____

100 _____

1.000 _____

Wichtige Übersetzungen

Ja

Nein

Dankeschön!

Bitte!

Entschuldigung!

Was ist das?

Mein Name ist?

Wie heißt du?

Wie geht es dir?

Ich verstehe nicht!

Was kostet das?

Wie komme ich nach...?

Wie spät ist es?

Wo ist das Hotel?

Wie viel kostet das Taxi?

Notizen